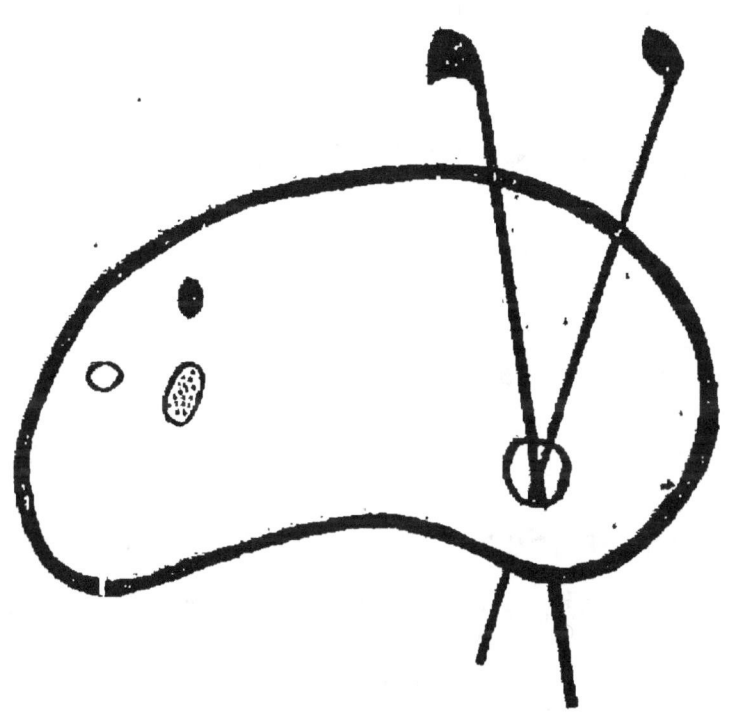

**DEBUT D'UNE SERIE DE DOCUMENTS
EN COULEUR**

CATALOGUE

D'UNE

COLLECTION DE PORTRAITS

ET DE

QUELQUES PIÈCES HISTORIQUES

Provenant du Cabinet de M. A***

SECONDE PARTIE

LA VENTE AURA LIEU

RUE DROUOT, N° 5, SALLE N° 4

Les Jeudi 23 et Vendredi 24 Décembre 1858,

A UNE HEURE TRÈS-PRÉCISE

Par le ministère de M° **DELBERGUE-CORMONT**, Commissaire-Priseur
rue de Provence, 8

Assisté de M. **LE BLANC**, Expert, rue des Bons-Enfants, 21.

Chez lesquels se distribue le présent Catalogue

EXPOSITION PUBLIQUE

Le Mercredi 22 Décembre 1858, de une heure à quatre heures.

1858

Mr De la Borde

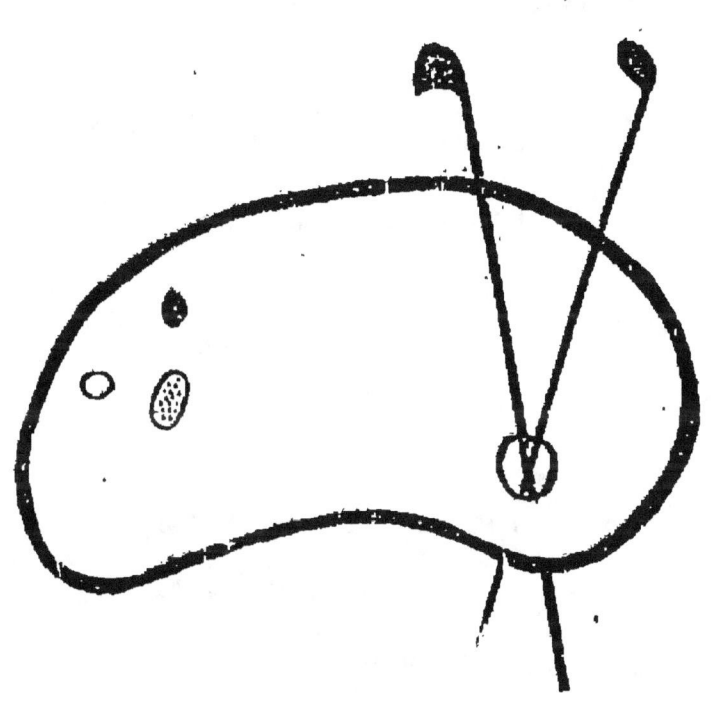

FIN D'UNE SERIE DE DOCUMENTS EN COULEUR

CATALOGUE

D'UNE

COLLECTION DE PORTRAITS

ET DE

QUELQUES PIÈCES HISTORIQUES

Provenant du Cabinet de M. A***

SECONDE PARTIE

LA VENTE AURA LIEU

RUE DROUOT, N° 5, SALLE N° 4

Les Jeudi 23 et Vendredi 24 Décembre 1858.

A UNE HEURE TRÈS-PRÉCISE

Par le ministère de M° **DELBERGUE-CORMONT**, Commissaire-Priseur
rue de Provence, 8
Assisté de M. **LE BLANC**, Expert, rue des Bons-Enfants, 21.
Chez lesquels se distribue le présent Catalogue

EXPOSITION PUBLIQUE

Le Mercredi 22 Décembre 1858, de une heure à quatre heures.

—

1858

ORDRE DES VACATIONS.

Première Vacation. — *Jeudi 23 Décembre.*
N°s 179 à 210 — N°s 1 à 178 — N°s 211 à 256.

Seconde Vacation. — *Vendredi 24 Décembre.*
N°s 257 à 404.

CONDITIONS DE LA VENTE

Elle sera faite au comptant.

Les acquéreurs paieront en sus des adjudications, CINQ centimes par franc applicables aux frais.

M. Le Blanc, faisant la vente, se charge des commissions.

CATALOGUE

D'UNE

COLLECTION DE PORTRAITS

ET DE QUELQUES PIÈCES HISTORIQUES

PROVENANT

Du Cabinet de M. A***

SECONDE PARTIE

1 **Anonyme**. Luther, en buste, dans des médaillons ronds. 4 pièces gravées sur bois, tirées d'ouvrages imprimés, et collées sur une même feuille.

2 — *Damiens (le Scelerat)*; dans le fond, une *idée du Suplice* et l'*Interieur de la tour de mongomeri*. In-4. Pièce rare et curieuse.

 Il n'a pas été gravé d'autre portrait de Damiens, et le P. Lelong ne le cite même pas.

3 — Habert de Montmor (Henri-Louis), conseiller d'État, d'ap. Ph. Champaigne. Très-grand in-fol. Rare et belle.

4 — Fox (Charles-Jacques)? In-4 en hauteur. Sans aucune lettre. Rare et belle.

5 — *Mirabeau (Honoré Gabriel Cte de)*. Médaillon ovale. In-8, imprimé en couleurs. Belle, avec marge.

6 — *Necker (M.)*, avec quatre vers signés *P. de Berainville*. Médaillon in-8, ovale, imprimé en couleurs. A *Paris chez Me Bergny*,.. Belle, avec marge.

7 — Le même personnage, avec une inscription en trois lignes. Médaillon in-8 ovale, imprimé en couleurs.

8 — *Le Guet d'Esigny D'Olisva (Mlle)*. Dans un médaillon ovale, in-4, imprimé en couleurs. Petit portrait rare et curieux d'une femme qui a figuré dans le fameux procès du Collier de la reine.

9 **Alegre** (M¹). *Murillo (Bartholomé de)*, d'apr. J. Maea. In-fol. Belle.
10 **Amettler** (Blas). *Ricardos Carrillo de Albornoz (El Exmo Dⁿ Antonio)*, d'après Goya. Jolie pièce, finement gravée; elle est rare.
11 **Aquila** (Pietro). *Raphael Sanzio*, d'ap. Carlo Maratti. Buste entouré de figures allégoriques. In-fol. en largeur. Rare et belle.
12 **Aubert** (Jean). *Gillot (Claude)*, d'après lui-même. In-fol. 1ᵉʳ état, avant toute lettre. Superbe, avec marge.
13 — Le même portrait. Avec la lettre. Ancienne et belle.
14 **Audran** (Jean). *Coysevox (Antoine)*, d'ap. H. Rigaud. In-fol. 1ᵉʳ état, avant toute lettre et avant les instruments sur la console, à droite. Très-rare et très-belle.
15 — Le même portrait. Avec la lettre. Ancienne et belle, avec marge.
16 **Balechou** (Jean-Joseph). *Crebillon (Prosper Jolyot de)*, d'après Aved. Petit in-fol. Belle épreuve, avec grande marge.
17 — *Gaillard (Pierre-Ioseph-Laurens de), baron de Longjumeau*, d'ap. Van Loo. In-fol. Rare et belle.
   Célèbre amateur des beaux-arts, et graveur-amateur.
18 — *Petit (Jean-Louis), chirurgien*, d'ap. Louis Vigée. In-4. Épreuve avant toute lettre. Très rare et très-belle.
19 **Baron** (Jean), dit de Toulouse. *Franco (Battista), peintre vénitien*. In-4. Avant la lettre. Très-rare et belle.
20 — *Salviati (Francesco), peintre florentin*. In-4. Avant la lettre. Très-rare et belle.
21 **Bartolozzi** (Francesco). *Cosway (Maria)*, d'ap. Rich. Cosway. Petit in-fol. Belle.
22 — *Nigris (Gasparo de), évêque*. In-fol.
23 — *Corilla Olympica Poetissa Étrusca*, d'ap. Anna Piattoli. In-4. Charmant portrait de cette femme célèbre par sa beauté et ses talents. Belle épreuve.
24 **Beauvais** (Nicolas Dauphin de). *Meissonnier (Juste-Aurèle), architecte, peintre et sculpteur*, d'ap. lui-même. In-fol. avant la lettre autour de l'ovale et avant le nom du graveur. Très-rare et très-belle.

25 **Beauvarlet** (Jacques-Firmin). *Bouchardon (Edme) Sculpteur...* d'ap. Henri Drouais. 1776. In-fol. Ancienne et belle.
26 — *Molière (J.-B Poquelin de)*, d'ap. Séb. Bourdon. In-fol. 1er état, avant toute lettre. Rare et très-belle, avec marge.
27 **Beckett** (Isaac). *Kneller (Godfridus)*, peintre, d'ap. lui-même. In-fol. ovale. Rare.
28 **Bernard** (L.). *Monseigneur* ; Louis, dauphin de France, fils de Louis XIV. In-fol. gravé en manière noire. Rare et belle, avec marge.
29 **Bleeck** (Peter van). *Quesnoy Francesco di), called il Fiammingo...*, d'ap. Ant. van Dyck. 1751. In-fol. Rare et très-belle.
30 **Bloemaert** (Cornelius). *Tofaninis (Colvmba de) ord. S. Francisci Sanctimonalis...*, d'ap. Gio. Batt. Ramacciotti. Petit in-fol. Superbe épreuve d'un des beaux portraits de Bloemart.
31 **Boulanger** (Louis). *Patin (Charles)*, médecin. In-8. Épreuve avant la lettre dans la tablette. Très-rare et très-belle.
32 — *Senault (Ludovicus)*, maître écrivain juré de Paris; à l'âge de 25 ans. Pet. in-fol. Belle épreuve.
33 **Bouttats** (Frédéric). *Heil (Daniel van)*, peintre, d'après J.-B. Van Heil. In-4. *Iean Meyssens excudit.* 1er état, avant le texte au verso. Superbe épr. avec grande marge.
34 — *Heil (J.-B. v.)* In-4. 1er état. Superbe.
35 — *Heil (Leo van)*, peintre et architecte, d'ap. J. B. van Heil. In-4. *Io. Meyssens excudit.* 1er état, avant le texte au verso. Superbe épr. avec grande marge.
36 **Bry** (Johann-Théodore de). *Henricvs IIII.* 1595. Dans un médaillon ovale aux deux côtés duquel sont la Justice et la Prudence. In-4 en larg. Rare et belle.
37 **Cardon** (Antoine). *Ligne (Charles, prince héréditaire de)*, d'après C. Le Clercq. Pet. in-fol. Rare et belle, avec marge.
  Amateur de dessins, Bartsch a publié le Catalogue de sa collection.
38 **Carmona** (Manuel-Salvador). *Boucher (François)*, d'ap. Alexandre Roslin. 1761. In-fol. Ancienne et belle, avec marge.

39 **Cars** (Laurent). *Boucher (François)*, d'ap. Ch.-Nicolas Cochin fils. In-4. Rare et superbe, avec grande marge.

40 — *Bourdon (Sébastien)*, d'ap. lui-même. In-fol. 1er état, avant la lettre. Rare et très-belle.

41 — *Slodtz (Michel-Ange)*, d'ap. Ch.-Nic. Cochin fils. In-4. Belle, avec marge.

42 **Cathelin** (Louis-Jacques). *Balechou (Jean-Joseph)*, d'ap. Arnavon. In-fol. 1er état, avant toute lettre.

43 — *Bourbon-Condé (Louis-Joseph de)*, d'ap. Le Noir. In-fol. Avant toute lettre. Très-belle.

44 — *Vernet (J.)*, d'ap. J.-M. Moreau le jeune. 1767. In-4, belle, avec marge.

45 **Chereau** (François). *Cheron (Elisabeth-Sophie)*, peintre, d'après elle-même. In-fol. Rare et très-belle.

46 — *Largillière (Nicolaus de)*, peintre, d'après lui-même. 1715. Grand in-fol. 1er état, avant les mots *Cancellarius et Præses*, 1738. Très-rare et très-belle.

47 **Claessens** (Lambert-Antoine). *Rubens (Pierre-Paul)*, d'ap. lui-même. In-fol. Avant toute lettre. Rare et très-belle.

48 **Cochin** (Charles-Nicolas), le fils. *Caylus (Ph. Cl. A. de Thubières comte de)*, d'après Watelet 1752. In-4. Très-belle.

49 **Coiny** (Jacques-Joseph). *Michallon*, d'ap. Léon Cogniet, 1822. In-4. Rare et belle, avec marge.

50 — *Raphael*, d'ap. lui-même. In-8. Charmant petit portrait, rare. Belle, avec marge.

51 **Colombo** (Ignazio). *Vallotti (François-Antoine)*, musicien. In-fol. Pièce rare. Belle épreuve.

52 **Cossin** (Louis), *Chauveau (François)*, graveur, d'après Le Febure. In-fol. Belle.

53 **Coypel** (Louis-Charles). *Maroulle (J.-A. de)*, abbé. In-4. 3e état, avec les armoiries sous la bordure, mais avant la lettre. Superbe.

54 **Cunego** (Domenico). *Mengs (Eques Antonius Raphael)*, d'ap. lui-même, 1778. In-fol. Rare et belle, avec grande marge.

55 **Daret** (Pierre). Louis XIII, à cheval, *Ce grand roy, dont voicy l'adorable visage...* 1643. In-fol. Rare et belle. Les épreuves avec l'inscription du bas en caractères typographiques, comme celle-ci, sont très-rares.

56 **Daullé** (Jean). *Carlos et Seyxa (Josephus Antonius)*, célèbre compositeur, d'ap. Fr. Vieira. Charmant portrait gravé en partie par J.-G. Wille. Belle épreuve.

57 — *Feuquiere (Catherine Mignard Comtesse de)*, tenant le portrait de son père, d'apr. P. Mignard. In-fol. 1er état, avec l'adresse. *Se vend chez l'Autheur...*

58 — Maupertuis (Pierre-Louis-Moreau de), d'après Rob. Tournière. Grand in-fol. 1er état, avant toute lettre. Rare et très-belle.
   Magnifique portrait dont J.-G. Wille a gravé, en grande partie, la tête et les mains.

59 — *Vandeik (Antoine)*, d'ap. lui-même. In-4. Belle épr., avec l'adresse d'Odieuvre.

60 — Le même portrait. Epreuve avant toute lettre. Très-rare et très-belle.

61 **Delatre** (Jean-Marie). *Colombe l'aînée (Mlle)*, actrice, d'ap. Le Moine. In-4. Rare et belle, avec de la marge.

62 — *Lescot (Mlle)*, actrice. In-4. Rare et belle, avec de la marge.

63 **Delff** (Willem Jakobsz). Mirevelt (Michel), peintre, d'ap. A. van Dyck. In-4. 1er état, avant toute lettre. Rare et belle.

64 **Denon** (Dominique-Vivant). Desessarts, comédien. Ovale in-8. Rare et belle, avec marge ; de la collection Robert-Dumesnil.

65 **Dequevauvilliers** (François). Jefferson (Thomas), président des Etats-Unis. In-fol. avant la lettre. Rare et belle.

66 **Desprez** (Jean-Louis). *Perronnet (Jean-Rodolphe)*, architecte et ingénieur. In-fol. Rare et belle, avec marge.

67 **Dietterlin** (Wendelinus). Son portrait, gravé par lui-même. In-fol. Belle épreuve.

68 **Dossier** (Michel). *Allou (Anne Raguenet, femme de Mr)*, peintre, d'apr. Allou. In-fol. en largeur. Rare et belle.

On a fait plus tard de cette estampe un sujet de fantaisie en effaçant la lettre et y substituant ce titre : *L'Optique*, etc.

69 **Drevet** (Claude). *Sinzendorf (Philippus Ludovicus comes a)*, d'ap. H. Rigaud. Très-grand in-fol. Superbe.

70 **Drevet** (Pierre). *Boileau Des Preaux (Nicolas)*, d'ap. De Piles. 1704. In-fol. Rare et belle.

71 — *Keller (Jean-Balthazar)*, fondeur, d'ap. H. Rigaud. In-fol. Avant l'adresse, dans la marge, à droite. Belle.

72 — *Rigaud (Hyacinthus)*, peintre, tenant un porte-crayon ; d'après lui-même. Grand in-fol. Avant la date 1721. Rare et superbe, avec une petite marge.

73 — *Rois (De)*, archevêque de Bourges, d'ap. H. Rigaud. Grand in-fol.

Portrait que nous n'avons trouvé mentionné nulle part. Les indications que nous rapportons sont écrites sur l'estampe, par une main du 17e siècle.

74 **Drevet** (Pierre-Imbert). *Mailly (le cardinal de)*, dans un médaillon entouré d'attributs, d'après Ch. A. van Loo. In-4 en largeur. Rare et superbe, avec grande marge.

75 **Duchange** (Gaspard). *Coypel (Antoine)*, et son fils A.-C. Coypel, d'ap. A. Coypel. In-fol. Rare et belle.

76 **Dupont** (Henriquel). *Desenne (Alexandre) dessinateur*. In-4. Belle.

77 **Dyck** (Antoine van). *Dyck (Antoine van)*. Terminé par Jac. Neeffs, avec l'adresse de H. et C. Verdussen. In-fol. Belle, avec marge.

78 — *Suttermans (Justus)*. Petit in-fol. Rare et très-belle, avec les lettres G. H., sur papier *à la folie*.

79 **Edelinck** (Gérard). *Bangart Martinus Vanden)...*, d'ap. H. Rigaud (R.-D. 182). Grand in-fol. Avant les adresses, dans le bas de la marge, à gauche. Rare et superbe.

80 — *Descartes (René)*, d'ap. Franc Hals (R.-D. 181). In-fol. 1er état, avant l'adresse de Chereau, dans la marge. Rare et belle.

81 — *Tortebat (François)...*, peintre, d'ap. de Piles (R.-D. 328). In-fol. Ancienne et très-belle, avec marge.

82 — Villeroy (François de Neuville, duc de)..., d'après H. Rigaud (R.-D. 337). In-fol. 1er état, avant le nom *Drevet ficit*, sur la bordure à droite. Rare et très-belle.

83 **Faber** (John). *Rysbrack (Michael), Sculptor*, d'après J. Vanderbank. 1734. In-fol. Rare et belle, avec une petite marge.

84 **Faldoni** (Gio-Antonio). *Ricci Marcus...*, peintre, d'après Rosalba Carriera. 1724. In-fol. Très-belle, avec marge.

85 **Fiquet** (Etienne). Eisen (Charles), d'après Vispré. 1761. In-8. Belle.

86 **Flipart** (Jean-Jacques). Dumont le Romain (Jacques), d'après M. Q. de la Tour. In-fol. 1er état, avant toute lettre. Très-belle, avec marge.

87 **Fruitiers** (Philipp). Capello (Ambrosius), évêque d'Anvers. Très-grand in-fol. 1er état, avant les raccords autour de la tête et avant les armoiries à la droite du haut. Extrêmement rare et superbe.

88 **Galle** (Cornelis). *Keyser (Abraham)*, jurisconsulte, d'apr. Ans. van Hulle. In-fol. Rare et très-belle.

89 **Galimard** (O.-Claude). Vleughels (Nicolas), dans un médaillon posé au-dessus de son tombeau, d'après M. A. Slodtz. 1744. In-fol. Rare et belle, avec marge.

90 **Gaultier** (Léonard). *Medicis (Marie de), royne rege. de France...* In-8. *J. Le Clerc excud.* Rare et belle.

91 **Godefroy** (Adrien). *David (P. J.)*, dit David d'Angers, sculpteur. Petit in-fol. Belle, avec marge.

92 **Gole** (Jakob). Noteman (Hendrick), sculpteur, d'après Arent de Gelder. Ovale in-fol. Épreuve avant toute lettre. Rare et belle.

93 — Saumaise (Claude de). Petit in-fol. avant toute lettre. Très-rare et belle.

94 **Goltzius** (Heinrich). *Henricus 4... ætat 40. 1592.* Médaillon ovale in-8. Rare et belle.

95 **Gottschick** (Johann-Christian-Benjamin). Schultze (Christian-Gottfried), d'ap. Friedrich Erhard Wagner. In-4. Rare et belle, avec marge.

96 **Goya** (Don Francisco). *Felipe III Rey de Espana...*, à cheval, d'ap. Diego Velasquez. 1778. In-fol. Belle, avec marge.

97 — *Felipe IV rey de Espana*, à cheval, d'ap. Diego Velasquez. 1778. Gr. in-fol. Belle, avec marge.

98 — *D. Isabel de Borbon Reyna de Espana...*, à cheval, d'ap. Diego Velasquez. 1778. Gr. in-fol. Belle, avec marge.

99 — *D. Margarita de Austria reyna de Espana...*, à cheval, d'ap. Diego Velasquez. 1778. Gr. in-fol. Belle, avec marge.

100 — *D. Baltazar Carlos principe de Espana...*, à cheval, d'ap. Diego Velasquez. 1778. In-fol. Belle, avec marge.

101 — *Espana (Un Infante de)*, d'après D. Diego Velasquez. In-fol. Belle, avec grande marge.

102 — *D" Gaspar de Guzman, Conde de Olivares...*, à cheval, d'après Diego Velasquez. 1778. Gr. in-fol. Belle, avec marge.

103 — *Æsopus*, d'après D. Diego Velasquez. In-fol. Belle, avec grande marge.

104 — *Menippus*, d'après D. Diego Velasquez. In-fol. Belle, avec grande marge.

105 — Le Nain de Philippe IV, vu de trois quarts, d'après D. Diego Velasquez. In-fol. Belle, avec grande marge.

106 — Le Nain de Philippe IV, vu de face, d'après D. Diego Velasquez. In-fol. Belle, avec grande marge.

107 **Graff** (Antoine). Graff (Antoine). In-4, sans autre lettre que le nom *A. Graff fec*. Rare et belle.

108 — Sulzer. In-8. Rare et belle, avec marge.

109 **Greenwood** (John), graveur en manière noire. *Rembrandts Father*, le père de Rembrandt, d'après ce peintre. In-fol. Rare et belle, avec marge.

110 **Grignon** (J.), dit le Vieux. *Covrselle... (Marie de Neufville... dame de)*. 1633, in-fol., premier état, avant la date 1652. Rare et superbe, avec de la marge.

Seul portrait gravé de cette dame.

111 **Guérin** (Charles). *Richter (François Xavier) Maître de Chapelle...* In-fol. Belle.

112 **Hainzelman** (Johann). *Soleysel (Iaqves de)..., escuyer dv Roy...* 1680, in-fol. Belle.

113 **Halen** (Arend van). *Huysum (Jan van)*, d'après A. Bonen. Pet. in-fol. Très-rare et très-belle.

114 — *Moucheron (Ysaak de)..., peintre.* Petit in-föl. Très-rare et très-belle.

115 — Zomers (Jean Pieter), célèbre curieux et amateur des arts, d'après A. van Blommen. 1717. In-fol. Très-rare et très-belle, avec de la marge.
116 **Henne** (Eberhard-Siegfried). *Concialini (I. C.), premier chanteur du roi de Prusse,* d'après Ant. Graff. 1784. In-fol. Belle, avec marge.
117 **Hoff** (Carl). *Overbeck,* peintre, d'après J. Schnorr. 1829. In-fol. Rare et belle.
118 **Hollar** (Wenceslas). *Arundeliæ (Thomas Howard, Comes),* d'après Ant. van Dyck. 1640. In-fol. Rare et belle, avec l'adresse de J. Meyssens.
119 **Holsteyn** (Pieter). *Catzius (Balduinus), archevêque.* Gr. in-fol. Belle.
120 **Houbraken** (Jakob). Borselles (J. v.). In-4. Avant toute lettre. Belle.
121 — Coke (Sir Edward), Lord Chief Justice. Gr. in-fol. Epr. d'essai, avant toute lettre ; la tête n'est qu'indiquée au trait. Très-rare et très-belle.
122 — Gloucester (William Duke of), d'après God. Kneller. In-fol. en haut., premier état, avant toute lettre ; le buste et la tête indiqués seulement au trait, d'une façon large et pittoresque. Très-rare et belle.
123 — Hooghe (Romain de), d'après H. Bos. 1733. Petit in-fol. Premier état, avant toute lettre. Très-rare et belle, avec de la marge.
124 — *Houbraken (Jacobus),* d'après J. M. Quinkhard. 1749. Gr. in-fol. Rare et belle, avec marge.
125 — *Orange (Villem Karel Hendrik Friso Prins van)...,* d'après H. Pothoven. Gr. in-fol. Belle, avec l'adresse de *J. Hoffman...*
126 — — (Carolina, princesse d'). Gr. in-fol. Avant toute lettre. Très-rare et superbe.
127 — Pambo (I. G.), littérateur. Pet. in-fol. en haut. Avant toute lettre. Rare et belle.
128. — Poot (H. K.), poëte. In-4. Avant toute lettre. Rare et belle.
129 **Hopwood** (James). Pétrarque. Ovale in-8. Avant toute lettre.

130 **Huquier** (Jacques-Gabriel). *Oppenort (Gille Marie)*, dans un riche encadrement, d'après lui-même. Gr. in-fol. Rare et superbe.

131 **Huret** (Grégoire). *Blanche Infante de Castille*. Pet. in-fol. Belle.

132 **Jacquemot**. *Auber*, musicien. In-8. Belle.

133 **Ingouf** (Pierre-Charles). *Wille (Jean-George) Graveur*, d'après P. A. Wille fils. 1771. Pet. in-fol. Rare et belle, avec grande marge.

134 **Jeaurat** (Edme). *Puget (Pierre)*, sculpteur, d'après François Pujet. Rare et belle, avec l'adresse de Jeaurat, avec grande marge.

135 — *Vleughels (Nicolaus)*..., peintre, d'après Ant. Pesne. 1725. In-fol., premier état, avec l'adresse *à Paris chez Jeaurat...* Rare et superbe, avec marge.

136 **Jode** (Peter de). *Faydarbe (Lucas)*, statuaire, d'après Gonzalès Coques. In-4. Avant le texte au verso, avant l'indication Ætat. 44, à la g. du haut et avant que le chapiteau ait été changé de forme. Rare et belle.

137 **Juster** (Joseph). *Patin (La famille de Charles)*, d'après Jean Jouvenet. In-fol. en larg. Rare et belle.

138 **Kilian** (Philippe). *Roos (Ioannes Heinricus)*, d'après lui-même. In-fol. Belle et rare.

139 **Kininger** (Georg Vincenz). *Fries (Le comte de)*, célèbre curieux et amateur d'estampes, d'après Fr. H. Fuger. In-fol. Avant toute lettre. Très-rare et très-belle.

140 **Klauber** (Ignace-Sébastien). *Allegrain (Christian-Gabriel)*, d'après Joseph Sifrède Duplessis. 1787. In-fol., premier état, avec la lettre en une seule ligne. Superbe, avec marge.

141 — *Bause (I.-F.)*, graveur, d'après Ant. Graff. 1795. In-fol. Très-belle, avec grande marge.

142 — *Vanloo (Carle)*, peintre, d'après Pierre Le Sueur. In-fol., premier état, avec la lettre en une seule ligne. Rare et superbe, à toute marge.

143 **Lasne** (Michel). *Niceron (R. P. Joannes Franciscus)*. In-fol. Rare et superbe.

144 **Launay** (Nicolas de). Le Clerc (Sébastien), le fils, d'après Donat Nonotte. In-fol., premier état, avant toute lettre. Très-belle, avec marge.

145 — Troy (Jean-François de), d'après J. A. J. Aved. In-fol. premier état, avant la lettre sur la console.

146 **Le Clerc** le jeune (Jean). *Agnès de Monte Politiano* (B.)... 1608. Petit in-fol. Rare et belle, avec de la marge.

147 **Le Cœur.** Mesmer (Caricature contre), ayant pour titre : *les Folies*, d'après Watteau. On voit, au premier plan, un homme tenant du bras gauche un bouclier sur lequel est le portrait de Mesmer, et combattant un dragon; au second plan figure le célèbre baquet ; des aérostats s'élèvent dans le ciel, etc., avec ces mots répétés en plusieurs endroits : *Malborough s'en va-t-en guerre*. Pet. in-fol. Gravée à l'aqua tinta. Rare et curieuse.

148 **Lenfant** (Jean). *Blasset* (Nicolaus), architecte et sculpteur. 1658. In-fol. Rare et superbe.

149 **Leoni** (Ottario). *Galileus (Galileus)*. 1624 (B. 27). In-4. Très-belle.

150 — *Pauli da Pesaro (Eques Pierfrancesco)*. 1625 (B. 32). In-4. Très-belle.

151 — *Stilianus (Eques Thomas) Appulus*. 1625 (B. 37). Très-belle.

152 **Le Pautre** (Jean). *Le petit Bon Homme*, d'après Étienne Willequin. In-fol. Une des pièces les plus rares et les plus curieuses de Le Pautre. Très-belle.

153 **Lépicié** (Bernard). *Roque (Antoine de la)*..., d'ap. Ant. Watteau. Gr. in-fol. en largeur. Très-belle, avec marge.

154 **Liotard** (Jean-Étienne). L'impératrice Marie-Thérèse et sa fille, sous le titre : *Une Dame Franque de Pera à Constantinople recevant visite*. In-fol. en haut., premier état, avant les trois adresses dans le bas de la marge. Extrêmement rare et superbe.

Une des merveilles de l'art de la gravure.

155 — L'archiduchesse Marie, sous le titre : *Une Dame Franque de Galata et son Esclave*... In-fol. en haut., premier état, avant les trois adresses dans le bas de la marge. Extrêmement rare et superbe.

156 **Lombart** (Pierre). Daillé (Jean), ministre calviniste à Charenton, d'après W. Vaillant. 1670. In-fol. Belle, avec marge.

Le meilleur portrait gravé de ce personnage.
157 — *Savoie* (Eug. Maurice de) Cte de Soissons Duc de Carignan..., d'après W. Vaillant. In-fol. Rare et très-belle.
158 **Lorenzi** (Paolo). *Hamilton* (*TALIA Ritratto di Lady*), d'après Ang. Kauffmann. 1827. Charmant portrait gravé sous la direction de Raff. Morghen.
159 **Lorraine** (Jean-Baptiste de). *Caylus* (*Le Comte de*). In-fol. Rare et belle.
160 **Macchiavelli** (G. Giacomo). *Poussin* (*Nic.*). *Pictori Gallo Ioa. Bap. Lud. Gior. Seroux d'Agincourt 1782.* Dans le bas, *Partie du Panthéon dans laquelle se trouvent placés les Bustes d'Annibal Carrache... et de Poussin.* In-fol. en haut. Rare et belle, avec marge.
161 **Marcenay** (Antoine) de Guy. *Charles V, dit le Sage. Henri le Grand. Thou* (*Le président de*). 3 p. in-8. Belles épreuves.
162 — Paoli (Le général). In-fol. Avant toute lettre. Rare et belle.
163 **Martinelli** (Agostino). Innocent XI. 1676. In-4. Rare et belle.
164 **Massard** (Raphaël-Urbain). Napoléon Ier, en buste, dans un médaillon rond, d'après Boullion. In-4. Très-rare, et belle, avec marge.
165 — Napoléon Ier, empereur, d'après Bouillon; il est représenté tenant une lance et une branche de lauriers. In-4 ovale. Avant toute lettre. Très-rare et très-belle.
166 **Masson** (Antoine). Abelly (Louis), évêque de Rodez (R. D. 9). In-4, premier état, avant la lettre. Très-rare et très-belle.
167 — *Brandebourg* (*Friderie-Guillaume... électeur de*)... 1683 (R. D. 30). Pet. in-fol. Très-belle.
168 **Maylland**. Favras (Thomas de Mahy, marquis de), *Le Père des Nobles.* In-8 ovale. Rare.
169 **Mechel** (Chrétien de). *Wutky* (*Michael*) *Pictor Ruralium Prospectuum*, d'après lui-même. 1780. In-fol. Rare et belle, avec marge.

170 **Mechel** (Jean-Jacques de). *Mechel (Chretien de) Graveur...,* d'ap. Ant. Hickel. In-fol. Belle, avec marge.
171 **Meerlen** (Théodore van). *Harlay (Iacqueline de) Dame Dhalincovrt.* In-fol. Très-rare et belle.
  Portrait inconnu au père Lelong.
172 **Mellan** (Claude). Richelieu (Armand-Jean du Plessis de), présentant à la Sainte-Vierge *La Perfection du Chrestien.* In-fol., premier état, avant la lettre sur le livre, et l'adresse de Vitré dans la marge. Rare et belle.
173 **Mercurj** (Pierre). *Maintenon (Françoise d'Aubigné M^{se} de),* d'après Petitot. 1847. Belle.
174 **Meyer** (Andreas). *Welserus (Johann), in Spitzelsberg patritius et Duumvir Augustanus.* 1589. In-4. Rare et belle. Cadre d'ornements délicieux.
175 **Michel** (Jean-Baptiste), Jean-Jacques Rousseau, *Philosophe, éloquent, sensible...* In-4.
176 **Miger** (Simon-Charles). *Cars (Laurent) Graveur...,* d'après Perronneau. In-fol. Belle, à toute marge.
177 — *Lemonnier (A.-C.-G.)..., peintre,* d'après F. Dumont. In-4. Belle.
178 — *Robert (Hubert),* d'après Isabey. In-fol., premier état, avant la lettre. Très-belle, avec marge.
179 **Moncornet** (Baltazar). *Angleterre (Charles second... Roy d').* In-4. Belle, avec marge.
180 — — *Madame Marie Princesse de la Grand Bretagne.* In-4. Belle, avec marge.
181 — — *Le tres pvissant et tres Illvstre prince Charles...* In-4. Belle, avec marge.
182 — *Charles... Roy...* In-4. Belle, avec marge.
183 Allemagne. *Marie de Bovrgogne... femme de l'empereur Maximilien.* In-4. Belle, avec marge.
184 — — *Marie d'Austriche..., femme de l'emp. Maximilian II...* In-4. Belle, avec marge.
185 — — *Ferdinand II Uxor... Imperatrix... Germaniæ...* In-4. Belle, avec marge.
186 — — *Maria Rom. Imperatrix Germ. Hvng. et Bohemia Regina...* In-4. Belle, avec marge.
187 — Autriche. *Claude de Medicis... femme de l'archeduc Leopolde.* In-4. Belle, avec marge.

188 — — (*Ieanne d'Arragon... femme de Philippe d'Austriche prince des pays-bas...* In-4. Belle, avec marge.
189 — *Beza (Theodorvs).* Médaillon dans un joli cartouche d'ornements. In-4. Belle, avec marge.
190 — *Bovrgongne (Philippe le Hardy... premier duc de)...* In-4. Belle, avec marge.
191 — — *Iean Sans pevr segond dvc...* In-4. Belle, avec m.
192 — — *Philippe le Bon troisieme dvc...* In-4. Belle, avec m.
193 — — *Charles le Belliquevx qvatriesme dvc...* In-4. Belle, avec marge.
194 — *Bavières (Robert de) Prince et Conte Palatin...*, d'après Ant. van Dyck. In-4. Belle, avec marge.
Le célèbre inventeur de la gravure en manière noire.
195 — *Bvckingham (... George Villiers dvc, marqvis et comte de).* In-4. Belle, avec marge.
196 — *Cromwell (Olivier)...* In-4. Belle, avec marge.
197 — *Cvssance (Beatrix Constance) Contesse de Cantecroix...* In-4. Belle, avec marge.
198 — *Dering de Svrenden-Dering (Dns Edoardvs)... miles ad Parliamentum.* In-4. Belle, avec marge.
199 — *Dvrer (Albert), Alleman, Peintre...* In-4. Belle, avec marge.
200 — *Emine Svltane Principale de Grand Tvrc Hibraim.* In-4. Belle, avec marge.
201 — *Espagne (Philippe I Roy d').* In-4. Belle, avec marge.
202 — *Fairfax (... Thomas) General des Armees d'Angleterre.* In-4. Belle, avec marge.
203 — *Gonzage (Marie de) dvchesse de Mantov.* In-4. Belle, avec marge.
204 — *Hesse (Æmilie Elisabeth D. G. Lantgrave de).* In-4. Belle, avec marge.
205 — *Holbeini (Effigies Iohannis) pictoris.* In-4. Belle, avec marge.
206 — *Hongrie (Marie d'Avstriche Royne de).* In-4. Belle, avec marge.
207 — *Howard (Thomas) Duc et Comte de Norfolc... grand Thrésorier et Admiral d'Angleterre...* In-4. Belle, avec marge.

208 — *Howardvs* (... *Thomas*) *Howardorvm primvs Comes Arvndeliæ ... Marescallus Angliæ*. In-4. Belle, avec marge.
209 — *Lewenberg* (*Nicolas*)..., cy-devant chef des rebelles de tous les cantons.. In-4. Belle, avec marge.
210 — *Lorraine* (*Charles Dvc de*). In-4. Belle, avec marge.
211 — — (*Henriette de*) princesse de *Phalsbourg*. In-4. Belle, avec marge.
212 — *Lvcæ de Leyda* (*Effigies*), *Pictoris*... In-4. Belle, avec marge.
213 — *Lvthervs* (*Martinvs*) *Theol. pertendens*. Médaillon dans un joli cartouche. In-4. Belle, avec marge.
214 *Mantove* (*Charles II dvc de*) et de *Montferrat*... In-4. Belle, avec marge.
215 — — *Masanello* (*Tomaso Anello*... dit)... In-4. Belle, avec marge.
216 — Orange ; *Amalia Dei gratia Principissa*... In-4. Belle, avec marge.
217 — *Palatini Elect. Conivx* (*Lvdovica Ivliana*...) In-4. Belle, avec marge.
218 — *Parevs* (*David*) *Silesivs, S. Theol. D. et Profess. acad. Haidelberg*. In-4. Belle, avec marge.
219 — *Pierre l'Hermite, P.r du nom Aucteur de la premiere Croisade*... In-4. Belle, avec marge.
220 — Pologne ;... *Ioannes Casimirvs D. G. Rex*... In-4. Belle, avec marge.
221 — — *Casimir*, roy... In-4. Belle, avec marge.
222 — — *Vladislavs Sigismvndi III... filivs*... In-4. Belle, avec marge.
223 — — *Vladislavs IV*... In-4. Belle, avec marge.
224 — — *Vladislavs IV... roy*...; dans un cartouche d'ornements. In-4. Belle, avec marge.
225 — — *Lvdovica Maria, ex Celsissima Gonzagarum Stirpe, ... Poloniæ, et Sueciæ Regina*. In-4. Belle, avec marge.
226 — — ... *Louyse Marie de Gonzagues de Mantoue Reine de Pologne* etc. In-4. Belle, avec marge.
227 — Portugal (*Ieanne d'Austriche Royne de*...) In-4. Belle, avec marge.
228 — *Raphaël de Vrbin*... In-4. Belle, avec marge.
229 — *Rvbens* (*Pierre Pavl*)... In-4. Belle, avec marge.

230 — *Sauoye, (Catherine d'Austriche, infante d'Espagne, duchesse de)*. In-4. Belle, avec marge.
231 — — *(Christine de France Duchesse de)*; médaillon dans un cartouche d'ornements. In-4. Belle, avec marge.
232 — — *(Christine de France, Duchesse de)*. In-4. Belle, avec marge.
233 — *Sion (Plus que tres Illustrissime Messi Rabbi Gabriel de) ... Professeur du Roy aux Lettres Orientales*. In-4. Belle, avec marge.
234 — *Strafford (Thomas Comte de)...* In-4. Belle, avec marge.
235 — *Svedois (Marie Eléonore D. G. royne de)*. In-4. Belle, avec marge.
236 — *Toscane (Victoire de la Rovere duchesse de)*. in-4. Belle, avec marge.
237 — *Vbaldini Vrbinatis (Antony Mariæ) Effigies*. In-4. Belle, avec marge.
238 — *Vignal (Rabbi Petrus) linguarum Orientalium ab Anno 25 usque ad annum 105 Ætatis suæ lector assiduus...* In-4. Belle, avec marge.
239. **Mongez** (Mme). *Pie VII*, d'après David. In-fol. Belle, avec marge.

    On dit que David a lui-même gravé cette estampe. C'est une opinion qui se change presque en certitude, quand on a, comme nous l'avons entre les mains, la preuve que le grand peintre s'est occupé de gravure.

240. **Morace** (Ernest). *Kauffmann (Angelica)*, d'après Josshua Reynolds. In-fol. premier état, avec la lettre grise. Rare et belle, avec marge.
241 — *Müller (Ier Gotth.)*, graveur, d'après F. Tischbein. In-fol., premier état, avec la lettre grise. Rare et belle.
242 — Le même portrait, avec la lettre remplie.
243. **Morghen** (Guglielmo), Kauffmann (Angelica), d'après elle-même. Ovale in-4. Belle.
244. **Morghen** (Raffaello). *Léon X*, d'après Raffaël Sanzio. Ovale in-4. Belle, à toute marge.
245 — Portrait d'un homme assis dans un fauteuil, les jambes croisées. In-fol. Très-rare. Belle.

246. **Morin** (Jean). *Arnauld d'Andilly (Robert)*, d'après Ph. Champaigne (R. D. 42). In-fol. Belle.

247 — Berthier (Pierre), évêque de Montauban, d'après Ph. Champaigne (R. D. 44). In-fol. Très-belle, avec une petite marge.

248 — Charles Borromée (Saint), d'après Ph. Champaigne (R.-D. 45). In-fol. Superbe, avec une petite marge.

249 — Chrystin (N.), d'après Ant. van Dyck (R. D. 51). In-fol. Superbe.

250 — Franck (Jérôme), peintre, d'après lui-même (R. D. 52). In-fol. Très-belle, avec marge.

251 — Grimberghe (Honorine), d'après Ant. van Dyck (R. D. 56). In-fol. 1er état, avec le nom du peintre, effacé plus tard. Superbe, avec une petite marge.

252 — Henri IV, d'après Ferdinand (R. D. 60). In-fol. Superbe et de la plus grande fraîcheur, avec grande marge.

253 — Louis XIII, d'après Ph. Champaigne (R. D. 64). In-fol. Superbe et très-fraîche, avec une petite marge.

254 — Maugis des Granges (Pierre), d'après Ph. Champaigne (R. D. 67). In-fol. Belle.

255 — Marillac (Michel de), d'après Ph. Champaigne (R. D. 66). In-fol. Superbe.

256 — Villemontée (François de), d'après Ph. Champaigne (R. D. 86). In-fol. Superbe et très-fraîche.

257 **Muller** (Johann-Gothard). *Galloche (Louis)*, d'après Louis Tocqué. In-fol. 1er état, avant toute lettre. Très-belle.

258 — Le même portrait. Avec la lettre. Ancienne et belle.

259 — Graff (Antoine), d'après lui-même. In-fol. **1er** état, avant toute lettre. Très-belle, avec marge.

260 — *Le Brun (Louise Élisabeth Vigée)*, d'après elle-même. In-fol. Ancienne et belle, à toute marge.

261 — *Pierre (J. B. M.) Ec. peint par lui-même à l'âge de 18 ans.* In-fol. Superbe, avec grande marge.

262 **Nanteuil** (Robert). *Hesselin (Louis)*, conseiller d'État (R. D. 110). In-fol. Belle.

263 — Le Pautre (Antoine), architecte (R. D. 127). In fol. en larg. Avant l'adresse de Jombert. Très-belle. Avec une copie en contre-partie, imprimée en couleurs, et non terminée.

264 — Ménage (Gilles), 1652 (R. D. 188). 1er état, avant la réduction de la planche. Superbe, avec une grande marge.

265 **Née** (François-Denis). Franklin (Benjamin), d'après Carmontelle. In-fol. Avant toute lettre. Rare et belle.

266 **Nicolet** (Bernard-Antoine). Vernet (Cl^{de} Joseph) Peintre..., d'après C. N. Cochin. 1781, in-4. Belle, avec marge.

267 **Pasch** (C. Lorenz). Strogonoff (Alexandre Comte de)..., d'après C. N. Cochin. In-fol. Rare et belle, avec marge.

Amateur de livres et de tableaux, et grand admirateur de Greuze.

268 **Pesne** (Jean). Langlois (François), dit Ciartres, d'après Ant. van Dyck. In-fol. 1er état, avant la lettre. Rare et superbe.

269 **Picart** (Bernard), le fils. Piles (Rogerius de)..., peintre et écrivain, d'après lui-même. 1704. In-fol. Très-belle, avec grande marge.

270 **Pigeot** (François). Amerighi (M. A.), peintre, d'après lui-même. In-fol. 1er état, avant toute lettre. Très-belle.

271 **Pitau** (Nicolas). Prioli (Benjaminus)..., rerum Gallicarum Scriptor, d'après Cl. Le Fèvre. In-4. Avant la lettre. Très-rare et belle.

Seul portrait gravé de ce personnage.

272 **Pitteri** (Marco). Piazetta (Jean-Baptiste), d'après lui-même. Gr. in-fol. Superbe, avec de la marge.

273 — Pitteri (Marco), d'après J.-B. Piazetta. Gr. in-fol. Rare et belle.

274 **Poilly** (Jean-Baptiste). Troy (François de) Peintre..., d'après lui-même. 1714. In-fol. Ancienne et belle, avec marge.

275 **Pontius** (Paul). Heem (Joannes de)..., peintre, d'après Jean Lyvins. In-fol. Franciscus Vanden Wynguerde excud. Très-belle, avec marge.

276 — Orange (Frédéric-Henri, prince d'), d'après Ant. van Dyck. Gr. in-fol. C. Vander Stock excudit. Très-belle.

277 **Pool** (Marc.) *Raphael Santes d'Urbin*...., d'après lui-même. In-fol. Rare et belle.
278 **Porporati** (Carlo-Antonio). *Frichignono (Niccolo) Conte di Quareyna*, d'après Dupra. In-4. Belle.
279 **Potrelle** (Jean-Louis). *Bartholini (Laurenzo) Sculptor*..., d'après Ingres. In-fol. Très-belle.
280 **Prevost** (Benoist-Louis). *Cochin (C. N.)*, d'après lui-même. Médaillon in-8. Rare et belle, avec marge.
281 **Quenedey**. *Gauthey (Émilien-Marie), inspecteur général des ponts-et-chaussées*, d'après Boichot. In-4. Belle.
282 — *Sacchini*. In-fol. Rare et belle.
283 **Quellinius** (Hubertus). *Quellinius (Artus) Antverpiensis Statuarius*. In-fol. Rare et belle.
284 **Regnesson** (Nicolas). *Longueville (Anne-Geneviève de Bourbon-Condé, duchesse de)*, d'après Franç. Chauveau. In-4. Très-rare. Superbe.

    Portrait non cité par le P. Lelong; on lit au-dessous :
      Moins d'esclat auoit dans les yeux
      Celle pour qui les Grecs firent dix ans la guerre :
      Et vous n'avez Hommes et Dieux
      Ni rien de plus beau dans les Cieux
      Ni rien de si beau sur la Terre.

285 **Rivalz** (Barthelemy). *Rivalz (Joannes Petrus) picturæ, sculpturæ, architecturæ, peritiâ... insignis*, d'après Ant. Rivalz. In-fol. Rare. Belle.
286 **Robinson** (John H.) *Rubens (Portrait of)*, d'après Ant. van Dyck. 1830. Gr. in-fol. Très-belle.
287 **Rosbach** (Johann-Friedrich). *Freund (Jean-Christophe), peintre*..., d'après A. de Mangoky. In-fol. Très-belle, avec marge.
288 — *Hoyer (David), peintre*, d'après Kupezki. In-fol.
289 **Rousseau** (Jean-François). *Descamps (Jean-Baptiste), peintre*, d'après lui-même. In-4. Avant toute lettre. Rare et belle, avec de la marge.
290 **Saint-Aubin** (Augustin de). *Heineken (Charles-Henri de)... Amateur des Belles-Lettres et des Arts*. 1770. In-4. Belle, avec marge.
291 — *Pellerin (Joseph), à l'âge de 98 ans*. 1781. In-fol. Belle, avec marge.

292 — Orléans (Le duc d'), d'après C. N. Cochin. 1778. In-fol. Superbe, à toute marge.
293 — *Valenciennes (P. H. de). Amateur. Peintre...*, d'après J.-M. Moreau. 1788. In-4. Très-belle.
294 **Saunders** (Joseph). *Canova (Antonio)*, d'après F. X. Fabre. 1820. In-fol. Très-belle.
295 **Savart** (Pierre). *Colbert*, 1773. In-8. Avec la 1re adresse *Barrière de Fontarabie*. Très-belle.
296 — *Dannemarck... (Christian VII Roi de)*. In-12. Rare. Belle.
297 **Schalcken** (G.) *Brouck (...Mattheus vanden)*, amiral hollandais, d'après S. v. Hoogstraten. Pet. in-fol. Rare. Superbe.
298 — *Dov (G.) Pictor...* In-4. 1er état, avant la diminution de la planche. Rare. Superbe, avec une petite marge.
299 **Schenck** (Peter). *Lairesse (Gerardus de) pictor...*, d'après lui-même. In-4. Très-belle.
300 — *Mouy (Anne Chaterine de Broglia Marquise de)*. In-fol. en manière noire.
301 **Schlotterberk** (Christian-Jacob). *Guibal (Nicolas)... peintre...*, d'après Jos. Melling. 1781. In-fol. en larg. Rare et belle.
302 — *Harper (A.-F.) Peintre...*, d'après Mme A. D. Therbouche. 1780. In-fol. Rare et belle.
303 — *Kobell (Ferdinand) Peintre-Graveur...*, d'après Hauber, 1806. In-fol. Belle, avec marge.
304 **Schmidt** (Georges-Frédéric). *Dürbach (Anna Louisa)*, poète, 1703. In-8. Rare.
305 — *Mignard (Pierre)... Peintre...*, d'après H. Rigaud. 1744. In-fol. Très-belle.
306 — Prévost (Antoine-François), 1745. In-4. Avant toute lettre. Très-rare. Très-belle.
307 **Schmutzer** (Jacques). Meytens (Martin de), peintre..., d'après lui-même. 1756. In-fol. Rare et belle.
308 **Schuppen** (Peter van). Borri (Joseph François), chimiste, d'après J. Ovens. In-fol. en haut.. 1er état, avant la lettre et avant les sujets emblématiques dans les angles. Très-rare. Superbe.
309 **Sherwin** (John Keyse). *Reynolds (Sir Joshua)...*, d'après lui-même, 1784. In-fol. Très-belle, avec marge.

310 **Sintzenich** (Heinrich). *Zingg (Adrian)*, graveur, d'après H. Seydelmann. 1797. In-fol. Belle, avec marge.

311 **Smith** (John). *Gibbons (Mr) and Mrs Gibbons*, d'après J. Closterman. In-fol. en larg. Rare et superbe.

312 — *Gibbons (Mr Grinling)*, sculpteur, d'après G. Kneller. In-fol. Rare et belle, avec de la marge.

313 — *Murrey (Tho.) Pictor*, d'après lui-même. In-fol. Rare et très-belle.

314 — *Schalcken (Godfridus)*, d'après lui-même. In-fol. Belle.

315 — *Smith (Johannes)*, graveur, d'après God. Kneller, 1716. In-fol. Rare et très-belle.

316 **Snyers** (Henri). *Robert, comte palatin du Rhin*, d'après Ant. van Dyck. In-fol. 1ᵉʳ état, avec l'adresse : *Ioannes Meyssens excudit Anterpiæ*. Rare et superbe, avec une grande marge.

317 **Stahl** (Johann Ludwig). *Beurer (Iacobus Iohannes) geb. zu Aldorff* 1710. In-fol. Rare et belle, avec marge.
Curieux portrait gravé en 1785, d'un peintre de genre peu connu chez nous.

318 **Stoelzel** (Christian-Friedrich). *Schenau P...*, d'après lui-même, 1787. In-fol. Rare et belle, avec marge.

319 **Surugue** (Louis). *Christophe (Joseph)... Peintre...*, d'après Henri Drouais. 1735. In-fol. Ancienne et belle, avec marge.

320 **Suyderhoef** (Jonas). *Mæstertius (Iacobus) Iurisconsultus Belga*, d'après N. van Negre. In-fol., 1ᵉʳ état, avec l'adresse : *Jac. Lauwyck Excudebat Lugduni Batavorum*, remplacée ensuite par celle de *C. Dankertz*. Rare et belle.

321 — *Schurmann (Maria-Anna à)*, peintre et poëte, d'après Jean Lyvins. In-fol. Rare et superbe, mais sans marge.

322 **Tanjé** (Pieter). *Tanjé (Pieter)*, graveur, d'après J. M. Quinkhard, 1760. Gr. in-fol. Superbe.

323 **Taraval** (Louis-Gustave). *Caylus (Le comte de)*, d'après Vassé. Petit in-fol. Rare et belle, avec marge.

324 **Tardieu** (Jacques-Nicolas). *Boullongne (Bon de) de Paris Peintre...*, d'après Gilles Allou. 1749. In-fol. Ancienne et belle.

325 **Tardieu** (Nicolas-Henri). *Boullongne (Bon de) Peintre...,* d'après lui-même. 1750. In-fol. Très-belle épreuve ancienne, avec marge.
326 — *De Jullienne et Antoine Watteau, dans un paysage,* d'après Ant. Watteau. Superbe, avec grande marge.
327 **Tempesti** (Domenico), élève de Robert Nanteuil. *Louis XIV.* In-fol. Rare et belle.
328 — *Redi (Fran^{ois}), célèbre naturaliste, poëte et philologue.* 1680. In-fol. 1er état, avec le nom de l'artiste, effacé ensuite. Rare et belle.
329 **Townley** (Charles), graveur en manière noire. *Rembrandt,* d'après lui-même, 1778. Gr. in-fol. Belle, avec marge.
340 **Trouvain** (Antoine). *Houasse (René Antoine)...,* peintre, d'après François Tortebat, 1707. In-fol. Ancienne et belle.
341 — *Pesne (Jean), peintre et graveur,* d'après lui-même, 1698. In-fol. Avant toute lettre. Très-rare.
342 **Vaillant** (Wallerant). *Netscher (Casparus),* d'après lui-même. In-fol. Rare et belle.
343 — Vaillant (Wallerant), d'après G. H. G. D. In-fol. Rare et belle.
344 **Vallée** (Simon). *Troy (Jean de) Peintre...,* d'après François de Troy. In-fol. Ancienne et belle, avec marge.
345 **Vérité.** *Lameth (Le comte Charles de) Député...* In-8, imprimé en couleurs. Belle.
346 **Verkolje** (Nicolas). *Picartus (Bernardus) Delineator et Sculptor...,* d'après J. Marc Nattier, 1715. In-fol. Gravé en manière noire.
347 — *Zomer (Jan Pieter), célèbre amateur de dessins,* d'après A. Boone. In-fol. Gravé en manière noire. Superbe épreuve sur papier du Japon, avec de la marge.
348 **Vermeulen** (Corneille Marin). *Aguilles (messire Jean Baptiste Boyer, cheval^{er} seigneur d')...,* d'après H. Rigaud. In-fol. Belle, avec marge.
349 — *Bertin (Petrus Vincentius),* d'après Nic. de Largillière, 1674. In-fol. Rare et très-belle.
350 — *Roettiers (Joseph)..., graveur de médailles et monnoyes,* d'après Nic. de Largillière. 1700. Gr. in-fol. Rare et belle.

351 **Vogel** (Bernard). *Blendinger (Georgius) Pictor Norimbergensis*, d'après Jacq. Kupezky. 1737. In-fol. Très-belle.

352 **Vorsterman** (Lucas). *Isabella Clara Evgenia (Serenissima D.) Hispaniarvm Infans...*, d'après Ant. van Dyck. Petit in-fol. Très-rare. Superbe, et de la plus grande fraîcheur.

353 — *Momper (Ivdocvs de), peintre*, d'après Ant. van Dyck. Petit in-fol., 1er état terminé, avant le nom du graveur, avec l'adresse : *Mart. Vanden Enden excudit...* Très-rare. Superbe.

354 — *Venivs (Gertrvdis) Octavi Veni Filia*, d'après elle-même. In-fol. 1er état, avant toute lettre et avant beaucoup de travaux. Extrêmement rare. Superbe.

355 — Le même portrait, 2e état, avant la lettre sur le cartouche du bas. Très-rare et très-belle.

356 **Vouillemont** (Sébastien). *Thvanvs (Iac. Avgvst.) in sanctiore Consistorio Consiliarivs...*, d'après Dan. du Moustier. In-fol. Superbe. On rencontre rarement ce portrait avec la lettre.

357 **Watelet** (Claude-Henri). Watelet, assis à une table et tenant un porte-crayon de la main droite. In-fol. Gravé à la manière du lavis. Rare et superbe, avec de la marge.

358 — Watelet debout près d'une croisée et regardant une estampe. In-fol. Gravé à l'eau-forte et à la manière noire. Rare et belle.

Réminiscence du fameux bourgmestre Six.

359 **Wedgwood** (J.-T.). François 1er. In-12. Charmant petit portrait.

360 **Wille** (Jean-George). *Largilliere (Nicolas de) Peintre...*, d'après lui-même. In-4, avec l'adresse d'Odieuvre, effacée ensuite. Belle, avec marge.

361 — *Loewendal (Woldemar de)... Marechal de France*, d'après M. Q. de La Tour, 1749. Gr. in-fol. Superbe.

362 — *Tencin (Petrus de Guerin Cardinalis de)...*, d'après Et. Parrocel. Gr. in-fol. Superbe.

363 **Windter** (Joseph-Georges). *Marperger (Paulus Jacobus de)*, d'après Gabr. Muller, 1760. Gr. in-fol. 1er état, avant la lettre. Rare et belle.

364 **Wingendorp** (G.). Schröder (Joh.). Frontispice de *Ioh. Schroderi pharmacopœia Medica chimica. Lugd. Bat.*, 1672.
Graveur dont on connaît très-peu d'estampes.
365 **Wordlidge** (Thomas). *Canning (Elisabeth), femme célèbre par ses crimes. 1754.* In-fol. Rare et belle.
366 **Zucchi** (Lorenzo). Werner (Christoph-Joseph), peintre, d'après A. Wernerin. In-fol. Rare et belle.

Pièces historiques & autres

367 **Anonyme dans le genre de P. Isselburg.** Caricature sur Calvin, Luther et le Pape assis à une table à côté l'un de l'autre. Une longue légende donne à cette pièce satirique le titre de *Culina opinionum, die Glaubens Küchen...* In-fol. en larg. Très-rare et très-belle.
368 **Anonyme, graveur sur bois.** Image de la *Confrairie du S. Sepulchre en Ierusalem, erigée dans l'Eglise du grand Couvent des Cordeliers a Paris.* In-fol. en haut. Très-rare et très-belle.
369 — *Almanach pour l'an de grace 1686. Louis le Grand la terreur et l'admiration de l'univers.* Très-grand in-fol. de deux feuilles assemblées. *A Paris chez N. Langlois.* Rare et belle.
370 — *Almanach pour l'an de grace 1689. Philisbourg assiégé par Monseigneur le Dauphin...* Très-gr. in-fol. de deux feuilles assemblées. *A Paris chez Nicolas Langlois.* Rare et belle.
371 — *Almanach pour l'an de bissexte 1692. La prise de Mons...* Tr.-gr. in-fol. de deux feuilles. *A Paris chez N. Langlois.* Rare et belle.
372 — *Almanach pour l'an de grâce 1697. Christophe Ozanne medecin de Chaudray.* Tr.-gr. in-fol. de deux feuilles. *A Paris, chez F. Gerard Jollain...* Rare et belle.
373 — *Histoire generale du siecle (17e). Boquet delineavit. A Paris chez le Sr Nolin...* Tr.-gr. in-fol. de deux planches assemblées. Rare et belle.
374 **Benoist** (Antoine). *Combat donné près de Tirlemont... le 22 Iuillet 1746.* Petit in-fol. en largeur. Rare et belle, avec marge.

375 **Berthet**. *Folie du jour Venus ou la prétendue Comète.* Ovale en largeur. Petite pièce très-curieuse. Rare et belle, avec marge.
376 **Borel** père. *Hyder Ali Corrigeant les Anglois, un soldat François lui présente les Verges.* In-fol. en hauteur, gravé au lavis.
377 **Bosse** (Abraham). Les Vierges sages et les Vierges folles (nos 85-91). Suite de sept pièces in-fol. en larg.
378 — La Virilité (n° 559). In-fol. en larg. Superbe.
379 — Louis XIII recevant une députation de magistrats (n° 678). In-fol. Belle, mais tachée.
380 — Les Comédiens de l'Hôtel de Bourgogne (n° 735). In-fol. en larg. Rare. Superbe.
381 — Le Sculpteur (n° 742). In-fol. en larg. Superbe.
382 — Le Peintre (n° 743). In-fol. en larg. Superbe.
383 — Le Pâtissier (n° 746). In-fol. en larg. Superbe.
384 — Le Chirurgien s'apprêtant à saigner une dame (n° 747). In-fol. en larg.
385 — Le Cordonnier essayant une paire de souliers à une dame (n° 748). In-fol. en larg. Superbe.
386 — Le Cordonnier (n° 749). In-fol. en larg. Superbe.
387 — Le Barbier (n° 750). In-fol. en larg. Superbe.
388 — L'Apothicaire (n° 751). In-fol. en larg. Belle.
389 — Le Procureur (n° 753). In-fol. en larg. Très-belle.
390 — Le Bal (n° 771). In-fol. en larg., 1er état, avant les vers. Très-rare. Belle, mais sans l'encadrement autour de l'estampe.
391 — L'Amant et sa Maîtresse (n° 772). In-fol. en larg. Belle.
392 — Le Branle, où la nouvelle mariée est menée par le Seigneur du village (n° 773). In-fol. en larg. Superbe.
393 — Les Garçons de la noce portant le chaudeau (n° 774). In-fol. en larg. Superbe.
394 — La nouvelle Mariée recevant des présents (n° 775). In-fol. en larg. Superbe.
395 — La nouvelle Mariée se déshabillant (n° 776). In-fol. en larg. Superbe.
396 — Le Retour du baptême (n° 779). In-fol. en larg. Très-belle.
397 — Les Dames banquetant (n° 781). In-fol. en larg.

398 **Gantrel** (Etienne). Portique architectural servant de cartouche à une pièce de vers manuscrite, et dans lequel figurent Henri IV et Louis XIV debout sur des piédestaux. D'après P. P. Sevin. Gr. in-fol. en haut. Rare et belle.

399 **Huret**. (Grégoire). Diverses armoiries, parmi lesquelles on remarque celles du président de Maisons, du cardinal Mazarin, de Claude de Rueil, évêque, du duc de La Vieuville, de Villeroy. Dix pièces in-fol. en larg., entourées la plupart de figures allégoriques, et toutes très-rares.

Cet article pourra être divisé.

400 **Moreau** (Jean-Michel), le Jeune. *Fondation pour marier dix Filles, renouvellée en 1701 par les soins de Monsieur le Marquis de l'Hopital...*, d'après H. Gravelot. In-fol. en larg. Charmante pièce, terminée par Huquier. Rare et belle.

401 **Pass** (Crispin de), le Jeune. L'Histoire du mauvais riche. Suite de trois pièces in-fol. en larg., très-curieuses pour les costumes.

402 **Scotin** (Gérard). Frontispice de *Les dix Livres d'architecture de Vitruve*, d'après Séb. Le Clerc. In-fol. en haut. 1er état, avant toute lettre. Très-rare. Superbe.

403 **Thomassin** (Philippe). Colonne surmontée d'un crucifix, qui fut élevée dans l'église Saint Antoine, à Rome, en mémoire de l'abjuration de Henri IV. Les portraits du pape Clément VIII et de Henri IV sont gravés en médaillons des deux côtés de cette colonne. Très-grand in-fol. en haut. Rare et belle.

404 **Trouvain** (Antoine). *Les Vandange de Surene*. Pièce relative à l'histoire anecdotique du xviie siècle. Le haut représente une scène dans laquelle figurent M. *Vivien de la Chopponardière Baillifs de Gisors*, Me *du Buisson*, Mr *Thomasseau*, Mlle *Thomasseau*, et M. *le chevalier Thomasseau, qui tue deux hommes reglement* (sic) *toutes les semaines*. Dans le bas, la chanson :

Profitez bien, jeunes fillettes,
Des moments faits pour les amours,
. . . .

en huit couplets. Estampe rare et curieuse. Belle épreuve.

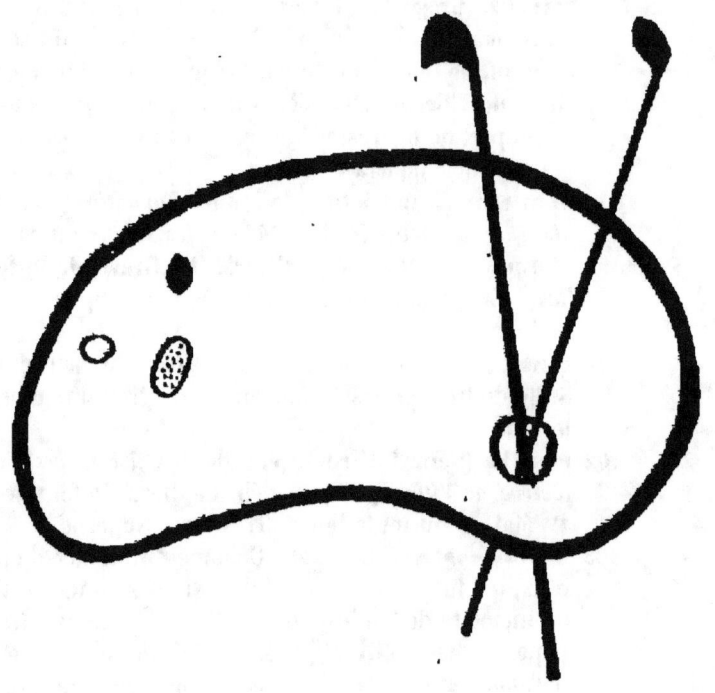

ORIGINAL EN COULEUR
NF Z 43-120-8

www.ingramcontent.com/pod-product-compliance
Lightning Source LLC
Chambersburg PA
CBHW050034230526
45470CB00003B/1277